Somos Latinos

mi escuela · my school

George Ancona

With Alma Flor Ada and F. Isabel Campoy

Children's Press® A Division of Scholastic Inc.
New York · Toronto · London · Auckland · Sydney · Mexico City · New Delhi · Hong Kong · Danbury, Connecticut

To Corina Ancona

My thanks go to the people who helped with this book.
To Christopher Alonzo and his family, to my granddaughter,
Corina Ancona, Christopher's third grade teacher. To Fannie May
Humphrey, the principal of Martin Luther King Jr. Elementary
School. To Mr. Roy Banks, the vice-principal, and to Mr. Aaron
Barner, Christopher's teacher.

Gracias
G.A.

Library of Congress Cataloging-in-Publication Data

Ancona, George.
  Mi escuela = My school / George Ancona.
    p. cm. — (Somos latinos)
  ISBN 0-516-23686-5 (lib. bdg.)   0-516-25066-3 (pbk.)
  1. Hispanic Americans—Education—Juvenile literature. 2. Hispanic
Americans—Biography—Juvenile literature. 3. Elementary
schools—United States—Juvenile literature. I. Title: My school. II.
Title.
  LC2669.A53 2004   371.829'68073—dc22   2004009340

© 2004 George Ancona
Children's drawings © 2004 by Christopher Alonzo
Photographs © 2004 George Ancona
Published in 2004 by Children's Press, an imprint of Scholastic Library Publishing.
Published simultaneously in Canada.
Printed in the United States of America.
1 2 3 4 5 6 7 8 9 10 R 13 12 11 10 09 08 07 06 05 04

El padre de Christopher vino de El Salvador y su madre de Guatemala. Ir a la escuela con Christopher me recordó los días en que yo iba al colegio. Para aquellos que hablamos español en casa, la escuela es la puerta que nos lleva a encontrar nuestro camino en este pais—en Inglés.

Christopher's father came from El Salvador, and his mother from Guatemala. Going to school with Christopher reminded me of my time in school. For those of us who speak Spanish at home, school is the door for finding our way in this country—in English.

George Ancona

Me llamo Christopher.
Me gusta ir a la escuela.
Mi hermanito y yo vamos juntos.
Lo cuido cuando cruzamos
la calle. Estoy en quinto grado.

I'm Christopher. I like
school. My little brother and I
go to school together. I hold
onto him as we cross the street.
I'm in fifth grade.

El vicedirector nos saluda en el patio. Hablo con mi maestra de tercer grado. Luego entro a mi salón de clase.

The vice-principal greets us on the playground.
I also talk to my third grade teacher. Then I go into my classroom.

Colgamos los abrigos
y las mochilas. Luego
nos sentamos a escuchar
a nuestro maestro,
el señor Barner. Él nos dice
lo que haremos hoy.

We hang up our
coats and back packs.
Then we sit down to listen
to our teacher, Mr. Barner.
He tells us what we
will do today.

La primera clase es de matemáticas. Copiamos problemas en nuestros cuadernos. Luego pensamos cómo resolverlos. Algunos de nosotros hacemos los problemas frente a la clase.

First we do mathematics. We copy problems into our notebooks. Then we figure out how to do them. Some of us do the problems in front of the class.

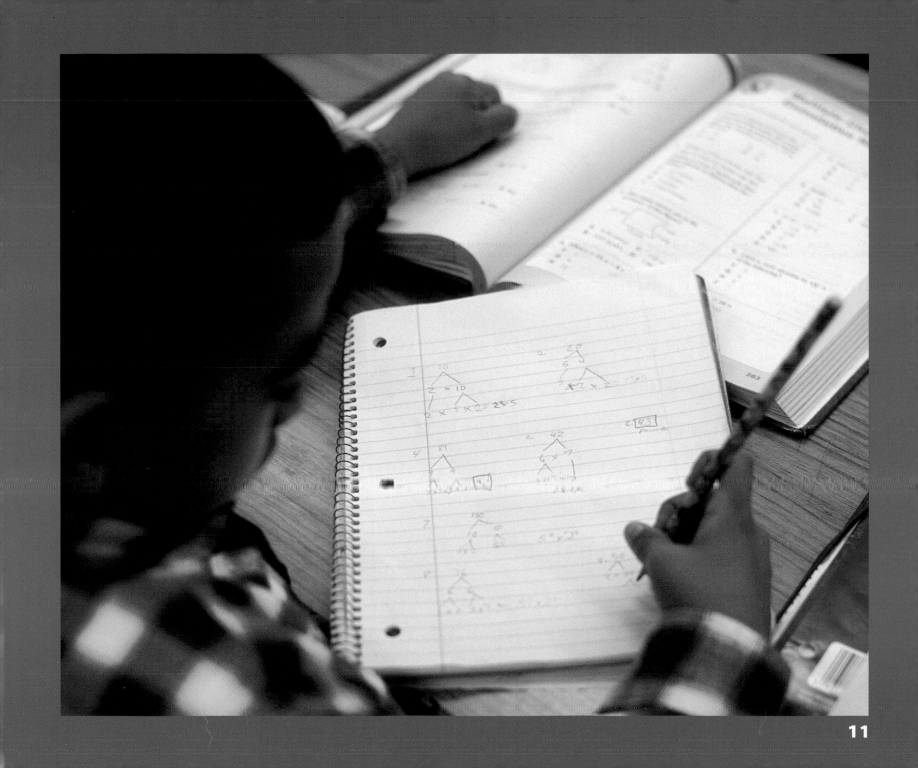

Más tarde salimos al recreo. Algunas niñas les gusta saltar la cuerda. Yo juego algo parecido al béisbol. Le pego a una pelota grande con el puño. Hoy bateé un jonrón.

Then we go out for recess.
Some girls like to jump rope. I play a game that is like baseball. I hit a big ball with my fist. Today I hit a home run.

Después del recreo leemos.
Aprendemos a construir oraciones.
Cuando el señor Barner hace
una pregunta, si yo sé la
respuesta, levanto la mano.

After recess we read.
We learn how to make sentences.
When Mr. Barner asks a question
and I know the answer,
I raise my hand.

Luego el señor Barner corrige nuestro trabajo. A veces apaga las luces y proyecta una lista de palabras de vocabulario. Las copiamos en nuestros cuadernos para memorizarlas.

Then Mr. Barner checks our work. Sometimes he turns out the lights and projects a list of vocabulary words. We copy them into our notebooks to memorize them.

Almorzamos en la cafetería.
Mis amigos me hacen reír.
Luego salimos al patio. Algunos
chicos juegan voleibol.

We have lunch in the cafeteria.
My friends make me laugh.
Then we go out to the playground.
Some kids play volleyball.

Por la tarde estudiamos ciencias. El señor Barner nos enseña cómo dibujar las ilustraciones en el libro de ciencias.

In the afternoon we study science. Mr. Barner shows us how to draw the pictures in the science book.

En otoño, la escuela entera
celebra el festival de la cosecha.
Todos nos ponemos máscaras
y disfraces. Yo me visto de ninja.
Luego desfilamos por
el patio de la escuela.

In the fall, the whole school
has a harvest festival.
Everyone puts on masks
and costumes. I dress as a ninja.
Then we parade around
the schoolyard.

Una vez a la semana viene un maestro
de música a la escuela a darnos clase.
Yo decidí aprender flauta. Al final del día
mi abuelo viene a recogernos.

Once a week a music teacher comes
to our school to give us lessons. I chose to
learn the flute. At the end of the day
my grandfather picks us up.

La historia de Grecia Alonzo

Mi nombre es Grecia Alonzo. Soy de Guatemala. Mis papás tuvieron siete hijos. Mi casa era muy chiquita. Éramos bien pobres. Mis papás nos dejaron y se vinieron aquí. Mandaban dinero para alimentarnos. Cuando llegué no sabía leer ni escribir bien. Me costó mucho aprender inglés. Tony y yo nos conocimos en la escuela secundaria. Primero se graduó él y luego yo. Seguimos nuestros estudios en la universidad. Él terminó dos años y yo hice uno. Luego nos casamos.

La historia de Tony Alonzo

Me llamo Tony Alonzo. Soy de El Salvador. Es un país muy bonito. Algún día quisiera regresar. Mi mamá vino aquí primero, cuando yo tenía tres años. Mi mamá mandaba cartas con dinero a mi abuelita. Como ella no sabía leer, mi tía se guardaba el dinero. Ellos comían bien, pero nosotros no.

Mi mamá nos trajo aquí cuando yo tenía siete años. Empecé la escuela en el tercer grado. Éramos tres durmiendo en un cuarto. Ahora tenemos lo que nunca pensé que llegaríamos a tener. Mis hijos van a tener una vida mejor.

Grecia Alonzo's Story

My name is Grecia Alonzo. I am from Guatemala. My parents had seven children. My house was very small. We were very poor. My parents left us and came here. They sent money to feed us. When I arrived I didn't know how to read or write well. It took a lot of effort for me to learn English. Tony and I met in high school. He graduated first, then I did. We continued our studies in college. He completed two years. I did one. Then we got married.

Tony Alonzo's Story

My name is Tony Alonzo. I am from El Salvador. It is a beautiful country. Someday I would like to return. My mom came here first, when I was three years old. My mom sent letters with money to my grandma. Since she couldn't read, my aunt used to take the money. They ate well, but not us.

My mom brought us here when I was seven years old. I began school at third grade. We were three people sleeping in just one room. Now we have what I never thought we would have. My children are going to have a better life.

United States of America

Los Angeles

Mexico

ATLANTIC OCEAN

Spain

Cuba

Haiti

Puerto Rico

Africa

Belize

Honduras

Dominican Republic

Guatemala

El Salvador

Nicaragua

CARIBBEAN SEA

Costa Rica

Panama

Venezuela

Columbia

Ecuador

Brazil

PACIFIC OCEAN

Peru

Bolivia

Paraguay

Chile

Argentina

Uruguay

Los países de habla hispana
Spanish-speaking countries

Tony Alonzo's Journey
El viaje de Tony Alonzo

Grecia Alonzo's Journey
El viaje de Grecia Alonzo

Palabras en inglés = Words in English

aprender	=	to learn
arte	=	art
béisbol	=	baseball
biblioteca	=	library
cafetería	=	cafeteria
ciencias	=	science
computador	=	computer
dibujar	=	to draw
español	=	Spanish
estudiar	=	to study
estudios sociales	=	social studies
lección	=	lesson

Palabras en inglés = Words in English

leer = to read

libro = book

maestro/a = teacher

matemáticas = mathematics

memorizar = to memorize

mochila = back pack

música = music

patio = playground

salón de clase = classroom

saltar la cuerda = jump rope

vicedirector/a = vice-pricipal

voleibol = volleyball

Somos Latinos

Centro América une América del Norte y América del Sur. Está formado por siete países: Guatemala, El Salvador, Honduras, Nicaragua, Costa Rica, Panamá y Belize.

Centro América es montañosa. Los Mayas desarrollaron aquí una gran cultura. Construyeron enormes pirámides y hermosas ciudades y aprendieron a cultivar la tierra en los difíciles terrenos de las laderas de las montañas.

La vida en las ciudades es muy diferente a la vida en el campo. En las ciudades hay universidades y buenas escuelas. En el campo, los niños trabajan con sus padres desde pequeños.

We Are Latinos

Central America lies between North America and South America. It holds seven countries: Guatemala, El Salvador, Honduras, Nicaragua, Costa Rica, Panama and Belize.

Central America is mountainous. The Mayans developed a great culture here. They built huge pyramids and beautiful cities, and they learned to cultivate the earth in the difficult soils on the mountain slopes.

Life in the city is very different from life in the country. In the city there are universities and good schools. In the country, children often work with their parents from a young age.

Sobre el autor

George Ancona fue a la escuela P.S. 80 de Coney Island, en Brooklyn. Fue allí que empezó a dibujar. Después de graduarse, viajó a México para estudiar pintura y luego regresó a Nueva York, donde estudió arte y diseño. Estudiaba de noche y durante el día, trabajaba como diseñador de revistas y publicidad. Al cabo de ocho años, abandonó su profesión de director de arte y se dedicó a hacer fotografías. Ahora, George escribe las palabras que corresponden a sus fotos y así crea libros para niños.

About the Author

George Ancona went to P.S. 80 in Coney Island, Brooklyn. That's where he began to draw pictures. After graduation he went to Mexico to study painting. He then returned to New York to study art and design at night. During the day, he worked as a designer for magazines and advertising. After eight years as an art director, he quit to become a photographer. Now, George writes the words that go with his pictures and turns them into children's books.

Sobre Alma Flor Ada y F. Isabel Campoy

Alma Flor Ada vino sola desde Cuba a Los Estados Unidos a los 17 años. Fue a Denver, Colorado, con una beca porque podía ayudar a enseñar español. Isabel Campoy llegó desde España a Trenton, Michigan, a los 16 años. Ella también vino gracias a una beca. Alma Flor e Isabel han escrito muchos libros en sus dos idiomas.

About Alma Flor Ada and F. Isabel Campoy

Alma Flor Ada came to the United States by herself at age seventeen. She came from Cuba, and went to Denver, Colorado on a scholarship because she could help to teach Spanish. Isabel Campoy was sixteen when she arrived in Trenton, Michigan, from Spain. She also came with a scholarship. Alma Flor and Isabel have written many books in their two languages.